En familia

Usted es el mejor maestro de su hijo o hija, ¡y el más importante!

Aquí tiene una serie de actividades para ayudar a su hijo o hija con las distintas destrezas de una manera divertida.

Día 1 Diga a su hijo o hija una palabra con las sílabas *bra, bre, bri, bro* o *bru*. Ayúdele a decir otras palabras con esas sílabas. Pídale que escriba una lista con todas las palabras que dijeron juntos.

Día 2 Pídale que invente una canción para un comercial de televisión usando las siguientes palabras: *libro, te, cosas, aquí y decir.* Ayúdele a realizar esta actividad.

Día 3 Juegue a las predicciones con su hijo o hija. Por turnos, digan alguna acción o algún evento, por ejemplo: *Los jugadores llegaron al estadio.* Pídale que describa lo que sucedió después.

Día 4 Su hijo o hija está aprendiendo los adjetivos, es decir, palabras que describen personas, lugares y cosas. Dígale un adjetivo como *feliz* o *triste* y pídale que dibuje una cara que coincida con cada adjetivo.

Día 5 Ayúdele a escribir sobre su programa favorito de televisión o sobre los personajes de ese programa.

¡Lea con su hijo o hija TODOS LOS DÍAS!

4

En familia

El brillante día de Nayeli

Arturo y la carrera de lectura

El mural

—Mira, mira, Bruno, sobre aquel mural, un hombre con brochas que pintando está.

—Sí, mi amigo Abrahán, él pinta animales, unos color cobre y otros azabache.

—Algunas cabras que comiendo están yerbas muy sabrosas de un gran pastizal.

—Las otras, buen Bruno, cebras han de ser con rayas brillantes cual capas de rey.

Esta rima incluye palabras que su hijo o hija ha practicado en l palabras con *bra, bre, bri, bro o bru,* y palabras con el plural - juntos esta rima y representen lo que están cantando.

(doblar aquí)

Nombre:

Parejas de palabras

Materiales   tarjetas, marcador

Instrucciones del juego

1. Escriba cada palabra dos veces (una con la -s y otra sin la -s) en tarjetas separadas.

2. Baraje las tarjetas y colóquelas boca abajo en filas y columnas.

3. Los jugadores tomarán turnos para levantar dos tarjetas. Si la palabra es la misma (una en singular y otra en plural), el jugador se quedará con esas tarjetas. Si no, el jugador pondrá de nuevo esas tarjetas boca abajo.

4. Cuando todas las tarjetas estén emparejadas, ¡el jugador con más parejas de palabras es el ganador!

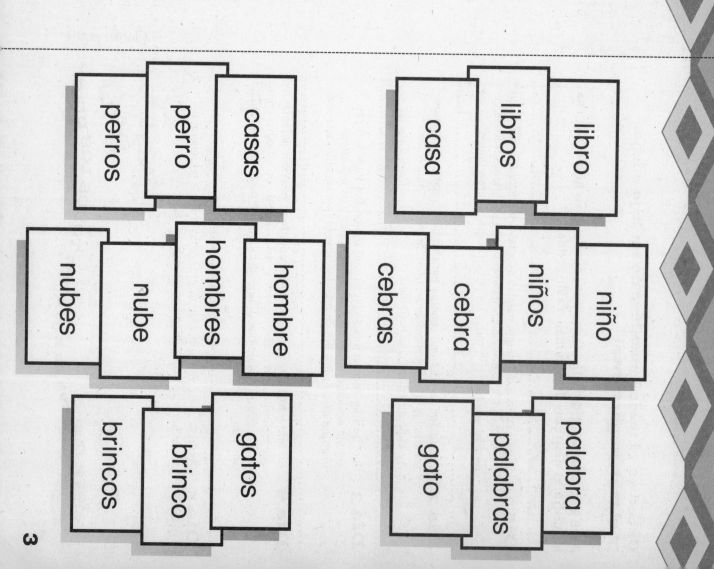

libro

libros

casa

niño

niños

cebra

cebras

palabra

palabras

gato

casas

perro

perros

hombre

hombres

nube

nubes

gatos

brinco

brincos

Nombre _____

Un **adjetivo** nos dice más sobre una persona, lugar o casa.
Grande es un adjetivo.

Sara tiene un sombrero **grande**.

Encierra en un círculo el adjetivo de cada oración.

1. Jaime tiene un bate largo.

2. Mira el gato negro.

3. Esa pelota es enorme.

4. Tintín es un perro feliz.

5. Pamela tiene cinco sombreros.

Notas para el hogar: Su hijo o hija identificó adjetivos que modificaban nombres (sustantivos). *Actividad para el hogar:* Mire a su alrededor e indique un objeto. Pida a su hijo o hija que diga un adjetivo que describa el objeto.

Nombre _____

Escoge una palabra de la casilla para completar cada oración.
Escribe la palabra en la línea.

libro	cosas	Aquí	decir	Te	palabras

1. ¿ _____ gusta venir a la tienda?

2. Yo quiero comprar un _____ nuevo.

3. Hay muchas _____ interesantes en la tienda.

4. _____ venden muchos diccionarios.

5. ¿Qué quiere _____ diccionario?

6. Yo busco en el diccionario nuevas _____ .

Notas para el hogar: Esta semana su hijo o hija está aprendiendo a leer las palabras *libro*, *te*, *cosas*, *palabras*, *aquí* y *decir*. **Actividad para el hogar:** Escriba cada palabra en una hoja de papel. Ponga las hojas de papel dentro de un recipiente o sombrero. Pida a su hijo o hija que escoja una palabra, la lea en voz alta y la use en una oración.

© Scott Foresman 1

Encierra en un círculo la palabra que corresponde a cada dibujo.

1. envase
   enciclopedia

2. pintura
   antiguo

3. enfermera
   dentista

4. cinco
   once

5. delfín
   anteojos

6. bandeja
   ensalada

7. antena
   cinta

8. esponja
   envase

Busca la palabra que empiece con **an, en, in, on** o **un**.
Rellena el ⬭ de tu respuesta.

9. ⬭ pan
   ⬭ invento
   ⬭ banco

10. ⬭ enfermo
    ⬭ bufanda
    ⬭ mango

Notas para el hogar: Su hijo o hija ha repasado palabras que empiezan con *an, en, in, on* y *un*. *Actividad para el hogar:* Ayude a su hijo o hija a escribir palabras que comiencen con estas sílabas.

Escoge de la casilla la palabra que completa la oración.
Escribe la palabra en la línea.

> paquetes   broma   casas   sobre   niños   brisa

1. Él está abriendo un _brisa_ .

2. Pero la _Sobre_ se lo llevó.

3. El viento hizo esa _broma_ .

Escoge de la casilla la palabra que corresponde al dibujo.

4. _paquetas_   5. _niños_   6. _casas_

Lee las palabras de la casilla.
Escribe s o **bro** para completar la palabra.

> cosas   libro

7. cosa _s_   8. li _bro_

Notas para el hogar: Su hijo o hija está aprendiendo a escribir palabras con *br* y a reconocer las palabras plurales que terminan con *-s*. **Actividad para el hogar:** Pida a su hijo o hija que use las palabras de ortografía en oraciones. Compruebe que use la *-s* cuando describe dos o más cosas.

Escoge el adjetivo de la casilla que corresponde a cada dibujo.
Escribe el adjetivo en la línea.

triste   negro   tres   grande   pequeño

I. niño _grande_

2. gato _negro_

3. muñeca _triste_

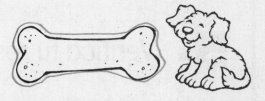

4. perro _pequeño_

5. _tres_ patos

Notas para el hogar: Su hijo o hija usó adjetivos para describir objetos. *Actividad para el hogar:* Diga un adjetivo que indique color, forma, tamaño, tipo o cantidad (por ejemplo, *blanco*, *redondo*, *pequeño*, *feliz* o *cinco*). Pida a su hijo o hija que use el adjetivo para describir a una persona o un objeto.

Consejos para tomar el examen

1. Escribe tu nombre en el examen.

2. Lee cada pregunta dos veces.

3. Lee todas las respuestas posibles para cada pregunta.

4. Marca tu respuesta cuidadosamente.

5. Verifica tu respuesta.

En familia

Flores para abuela y Trini

Abuela

Entre tulipanes

Entre tulipanes
trotando yo estoy.
De traje celeste
y con mami yo voy.

Empuja el triciclo
mi buena mamá.
Me atrevo y corremos,
tra li li, tra lá.

Y por el jardín
Truco me siguió.
¡Qué trío tan lindo,
Truco, mami y yo!

Esta rima incluye palabras que su hijo o hija ha practicado en la escuela: palabras con *tra, tre, tri, tro* o *tru;* y palabras con el plural terminado en *-es.* Lean juntos esta rima en voz alta. Piensen en más palabras que rimen con las de esta lectura.

(doblar aquí)

Nombre: _____

Usted es el mejor maestro de su hijo o hija, ¡y el más importante!

Aquí tiene una serie de actividades para ayudar a su hijo o hija con las distintas destrezas de una manera divertida.

Día 1 Ayude a su hijo o hija a escribir una lista con palabras que contengan las sílabas *tra, tre, tri, tro* y *tru.* Luego pídale que escriba oraciones sencillas con las palabras de la lista.

Día 2 Pídale que escriba un pequeño cuento utilizando las siguientes palabras: *abuela, triste, trabajo, jardines* y *hoy.*

Día 3 Miren juntos en un catálogo fotos de objetos similares y pídale que señale cosas diferentes y cosas iguales de ambos objetos.

Día 4 Su hijo o hija está aprendiendo a resolver problemas. Preséntele una situación problemática y pregúntele: *¿Qué harías si eso te pasara a ti?*

Día 5 Hojee periódicos con su hijo o hija. Luego anímele a inventar un cuento sobre un niño o un animal que se pierde. Escríbanlo juntos.

¡Lea con su hijo o hija TODOS LOS DÍAS!

Salta, salta y adivina

Materiales papel, tijeras, bolsa, 1 ficha por jugador

Instrucciones del juego

1. Escriba las siguientes palabras en una hoja de papel: señor, carro, triste, tractor, pan, lugar, trabajo y mar. Recorte cada palabra y métalas todas dentro de la bolsa.

2. Los jugadores ponen su ficha en la casilla de **Salida**. Por turnos, cada jugador saca una palabra de la bolsa y le añade la terminación de plural -es o -s según corresponda.

3. Cada vez que un jugador responda correctamente, avanza su ficha a la siguiente casilla. (Vea las respuestas de abajo.)

4. ¡El jugador que llegue primero a la **Meta** es el ganador!

Respuestas:
señores, carros, tristes,
tractores, panes, lugares,
trabajos, mares
(en un orden)

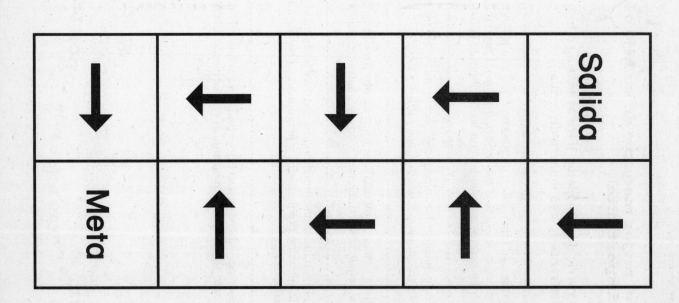

En familia

La princesa y las peras con crema

El huerto

En una pradera

En la verde pradera,
las plantas crecen
en primavera.
Y en medio hay una granja,
muy protegida
por una zanja.

"Cri, cri, cri, cri",
canta el grillo,
siempre cruzando el prado,
de lado a lado,
con sus amigos.

Esta rima incluye palabras que su hijo o hija ha practicado en la escuela: palabras con *pra, pre, pri, pro, pru, cra, cre, cri, cro o cru.* Canten juntos esta canción y pídale que dé una palmada cada vez que escuche alguna palabra que contenga estas sílabas.

(doblar aquí

Nombre: _____

Usted es el mejor maestro de su hijo o hija, ¡y el más importante!

Aquí tiene una serie de actividades para ayudar a su hijo o hija con las distintas destrezas de una manera divertida.

Día 1
Represente con gestos palabras que empiecen con *pra, pre, pri, pro o pru* y con *cra, cre, cri, cro o cru.* Pida a su hijo o hija que adivine qué palabra está representando.

Día 2
Ayúdele a escribir oraciones sencillas que contengan las palabras *pronto, primero, crecer, escribir y saber* que ha aprendido durante esta semana.

Día 3
Léale un cuento y luego pídale que le explique de qué trata.

Día 4
Su hijo o hija está aprendiendo a identificar la idea principal de un cuento. Léale un cuento en voz alta. Luego pídale que escriba una o dos oraciones, explicando de qué trata el cuento.

Día 5
Salga a dar un paseo con su hijo o hija. Señale objetos o personas durante el paseo. Al llegar a casa pídale que describa por escrito lo que usted le mostró. Por ejemplo, *un perro café, una señora muy alta,* etc.

¡Lea con su hijo o hija TODOS LOS DÍAS!

Gira y responde

Materiales papel, tijeras, sujetapapeles, lápiz,
l ficha por cada jugador

Instrucciones del juego

1. Haga una ruleta sencilla como se muestra abajo.

2. Los jugadores tomarán turnos para girar la ruleta.
Después, nombrarán una palabra que contenga la
sílaba de la ruleta.

3. Si un jugador responde correctamente, avanzará el
número de espacios que indica la ruleta.

4. ¡El primer jugador en llegar a la **Meta** es el ganador!

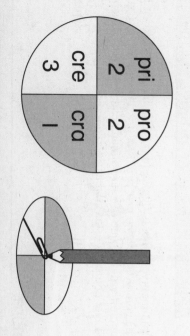

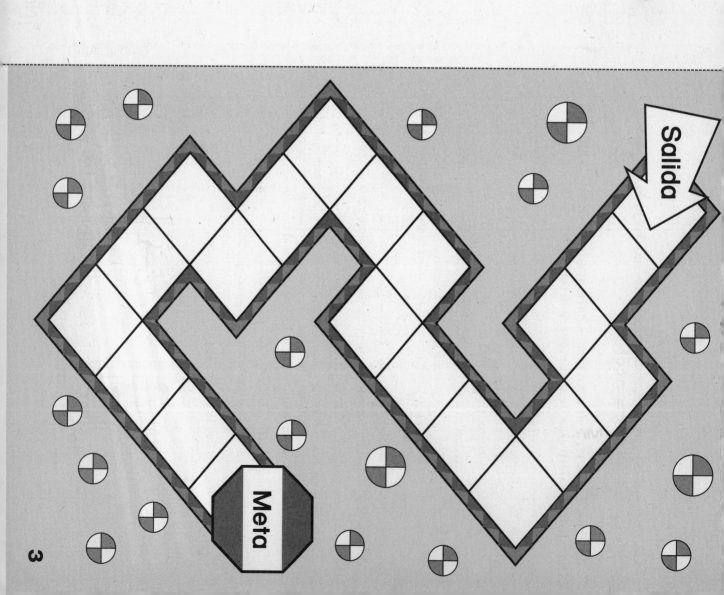

Salida

Meta

Nombre _____

Encierra en un círculo la palabra para completar cada oración.
Escribe la palabra en la línea.

primavera

---

príncipe primo promesa

_____

- - - - - - - - - - - - - - -

I. Pedro es mi _____.

---

compra prometer pregunta

_____

- - - - - - - - - - - - - - -

2. Mi papá _____ el carro.

---

comprender sorprendido primero

_____

- - - - - - - - - - - - - - -

3. Juan llegó _____ en la carrera.

---

primera preferido profesora

_____

- - - - - - - - - - - - - - -

4. La _____ explica la lección.

---

princesa temprano trepar

- - - - - - - - - - - - - - -

5. Mañana _____ iremos al museo.

Notas para el hogar: Su hijo o hija ha estado practicando la lectura y escritura de palabras con *pra, pre, pri, pro* y *pru.* **Actividad para el hogar:** Mire la televisión con su hijo o hija. Pida a su hijo o hija que escriba una lista de palabras que escuchó que contengan estas letras.

Escoge la palabra de la casilla que corresponde a cada dibujo.
Escribe la palabra en la línea.

crema   cruzar   escribir   crecer   micrófono

1. Carlos nos ayuda a _____ la calle.

2. Ana va a _____ una carta.

3. Me gustan las peras con _____ .

4. El perrito de Cristina va a _____ mucho.

5. Luz usa un _____ para cantar.

Notas para el hogar: Su hijo o hija ha estado practicando la lectura y escritura de palabras con *cra, cre, cri, cro* y *cru*. ***Actividad para el hogar:*** Ayude a su hijo o hija a buscar objetos de casa que contengan alguna de estas palabras. Después, pídale que haga una lista de palabras de los objetos que encontró.

Escoge una palabra de la casilla para completar cada oración.
Escribe la palabra en la línea.

saber   pronto   escribir   crecer   Primero

1. Esas plantas van a _____ mucho.

2. _____ necesitas una semilla.

3. Hay que _____ cuidar las plantas.

4. Las plantas brotarán _____ .

5. Me gusta _____ en el jardín.

Notas para el hogar: Esta semana su hijo o hija está aprendiendo a leer las palabras *pronto*, *primero*, *crecer*, *escribir* y *saber*. **Actividad para el hogar:** Anime a su hijo o hija a inventar un cuento acerca de una granja o de un jardín usando las palabras del vocabulario.

© Scott Foresman 1

Mira los dibujos.
Escribe 1, 2, 3 para poner las oraciones en el orden correcto.

1. Luego Daniel escogió un perrito. _____

2. Daniel jugó con su nuevo perrito en casa. _____

3. Daniel y su madre fueron a la tienda de mascotas. _____

4. Luego Julia y José fueron a casa. _____

5. Primero, Julia y José fueron al parque. _____

6. Julia y José jugaron en el resbaladero. _____

Notas para el hogar: Su hijo o hija puso en orden una serie de sucesos para formar una historia. *Actividad para el hogar:* Pida a su hijo o hija que haga una serie de dibujos que muestren tres sucesos en el orden en que ocurrieron.

Nombre _____

Un **adjetivo** puede indicar el tamaño de un objeto.

El cachorro **pequeño** está en una caja **grande**.

Escoge una palabra de la casilla para completar cada oración.
Escríbela en la línea.

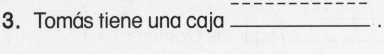

| grande | corta | pequeña | larga | pequeñas |

1. Carlos tiene una cuerda _____ .

2. Andrea tiene una cuerda _____ .

---

3. Tomás tiene una caja _____ .

4. Andrea tiene una caja _____ .

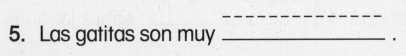

---

5. Las gatitas son muy _____ .

Notas para el hogar: Su hijo o hija identificó adjetivos de tamaño. *Actividad para el hogar:* Diga cada adjetivo de la caja de arriba (usando también la forma masculina). Pida a su hijo o hija que use el adjetivo para describir algo.

© Scott Foresman 1

Escoge una palabra de la casilla para completar cada oración.
Escribe la palabra en la línea.

saber	Pronto	escribir	crecer	primero

1. ¿Crees que estas semillas van a _____ ?

2. Lo _____ es cavar un hoyo.

3. Hay que _____ regar las plantas.

4. _____ comenzarán a brotar las semillas.

5. Cuando sea mayor quiero _____ sobre jardines.

Notas para el hogar: Esta semana su hijo o hija está aprendiendo a leer las palabras *pronto*, *primero*, *crecer*, *escribir* y *saber*. *Actividad para el hogar:* Deletree cada una de las palabras del vocabulario. Pida a su hijo o hija que diga cada palabra.

© Scott Foresman 1

Nombre _____

Di la palabra para cada dibujo.
Escribe tra, trá, tre, tri, tro o **tru** en la línea.

ins<u>tru</u>mento

1.
_____ je

2.
es_____ lla

3.
_____ ce

4.
pos_____

5.
re_____ to

6.
_____ fico

7.
_____ po

8.
_____ go

Busca las palabras que contengan **tra, tre, tri, tro** o **tru**.
Rellena el ⬭ de tu respuesta.

9. ⬭ frito
   ⬭ trabajo
   ⬭ banco

10. ⬭ centro
    ⬭ falda
    ⬭ manzanas

Notas para el hogar: Su hijo o hija ha practicado palabras con *tra, tre, tri, tro* y *tru*. *Actividad para el hogar:* Pida a su hijo o hija que escriba un pequeño cuento con palabras que contengan estas sílabas.

© Scott Foresman 1

primero   escribir   crecido   prado   primo   crema

Escribe dos palabras de la casilla que comienzan con **cre**.

1. _____   2. _____

Escribe dos palabras de la casilla que comienzan con **pri**.

3. _____   4. _____

Escoge de la casilla la palabra que completa la oración.
Escribe la palabra en la línea.

5. Yo quiero _____ un cuento.

6. Me sentaré cerca del _____ .

Escribe la palabra de la casilla que corresponde al crucigrama.
Escribe la palabra en el crucigrama.

cruzo   promesa

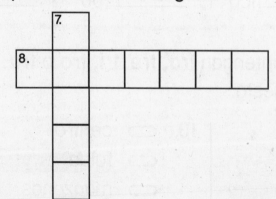

Notas para el hogar: Su hijo o hija está aprendiendo a escribir palabras con *pr* y *cr*. *Actividad para el hogar:* Pida a su hijo o hija que use las palabras de ortografía en oraciones y que después las escriba.

Nombre _____

Sigue las instrucciones.
Luego, **escoge** el mejor adjetivo de
la casilla para completar cada oración.
Escríbelo en la línea.

delgada   larga   grande   gordo   pequeño

1. Colorea el perro grande.

   _____

   Canelo es un perro _____ .

2. Colorea la cuerda larga.

   _____

   La cuerda _____ tiene un nudo.

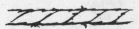

3. Colorea las patas del perrito.

   _____

   Botas es un perrito _____ .

4. Dibuja un gato gordo con un sombrero.

   _____

   Este gato _____ tiene un sombrero.

5. Encierra en un círculo la línea delgada.

   _____

   Esta línea es _____ .

Notas para el hogar: Su hijo o hija usó adjetivos para indicar tamaño. ***Actividad para el hogar:*** Dé un paseo con su hijo o hija. Sugiera que describa los objetos y personas que vea usando adjetivos como *grande*, *pequeño*, *bajo*, *enorme* y *minúsculo*.

Consejos para tomar el examen

1. Escribe tu nombre en el examen.

2. Lee cada pregunta dos veces.

3. Lee todas las respuestas posibles para cada pregunta.

4. Marca tu respuesta cuidadosamente.

5. Verifica tu respuesta.

Nombre _____

Parte 1: Vocabulario

Lee cada oración.
Rellena el 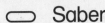 de tu respuesta.

1. _____ sale un brote pequeñito.
   - Escribir
   - Saber
   - Primero

2. Para obtener miel, hay que _____ mucho sobre las abejas.
   - escribir
   - crecer
   - saber

3. _____ saldrá el sol.
   - Escribir
   - Pronto
   - Saber

4. Las plantas necesitan el sol para _____ .
   - crecer
   - saber
   - escribir

5. Voy a _____ un poema sobre los jardines.
   - primero
   - escribir
   - pronto

Sigue

Parte 2: Comprensión

Lee cada oración.

Rellena el ⬭ de tu respuesta.

6. Los niños van de visita a casa de _____
   - ⬭ sus primos.
   - ⬭ sus abuelos.
   - ⬭ sus vecinos.

7. Para cultivar un huerto hay que saber usar _____
   - ⬭ las herramientas.
   - ⬭ las canastas.
   - ⬭ los cubiertos.

8. Todas las plantas que se cultivan en un huerto se llaman _____
   - ⬭ frutas.
   - ⬭ vegetales.
   - ⬭ hortalizas.

9. Las plantas delicadas se cultivan _____
   - ⬭ afuera.
   - ⬭ en el invernadero.
   - ⬭ en la casa.

10. Al final del cuento todos van _____
    - ⬭ al mercado.
    - ⬭ a la cocina.
    - ⬭ a la casa.

ALTO

Escoge la palabra de la casilla que corresponde a cada dibujo.
Escribe la palabra en la línea.

flores	patines	papeles	panes
cojines	colores	cinturones	botones

1.	2.	3.	4.
_ _ _ _ _	_ _ _ _ _	_ _ _ _ _	_ _ _ _ _

5.	6.	7.	8.
_ _ _ _ _	_ _ _ _ _	_ _ _ _ _	_ _ _ _ _

Busca la palabra que termine en **-es**.
Rellena el ⬭ de tu respuesta.

9. ⬭ trabajos
   ⬭ perros
   ⬭ árboles

10. ⬭ señores
    ⬭ bicicletas
    ⬭ frutas

Notas para el hogar: Su hijo o hija ha estado repasando los plurales terminados en *-es*. *Actividad para el hogar:* Ayude a su hijo o hija a buscar objetos por casa cuyo plural se forme añadiendo *-es*.

| crecido | prado | promesa | recreo | sorpresa | crema |

Escribe tres palabras de la casilla con **pr**.

_____   _____   _____

1. _____   2. _____   3. _____

Escribe tres palabras de la casilla con la sílaba **cre**.

_____   _____   _____

4. _____   5. _____   6. _____

Escoge de la casilla la palabra que completa la oración.
Escribe la palabra en la línea.

| primo | cruzo |

_____

7. Voy a jugar con mi _____ .

_____

8. Yo _____ la calle con cuidado.

Notas para el hogar: Su hijo o hija está aprendiendo a escribir palabras con *pr* y *cr*. ***Actividad para el hogar:*** Ayude a su hijo o hija a usar las palabras de ortografía para escribir un cuento acerca de una sorpresa.

En familia

Fred, el pez

Frida y Gregorio van al museo

Con gracia

Frida, la pececita,
quiere a su grupo llamar.
Con todos sus buenos amigos,
alegre quiere disfrutar.

¡Ay, ay, qué fría el agua está!
¡Ay, ay, ay, cuántos colores hay!

Grises, dorados y negros,
con gracia los peces se van.
Amigos, no sufran, que pronto
frotando sus colas vendrán.

¡Ay, ay, dondequiera que van!,
¡ay, ay, ay, siempre regresarán!

Esta rima incluye palabras que su hijo o hija ha practicado en la escuela: palabras con *gra, gre, gri, gro, gru, fra, fre, fri, fro* o *fru.* Canten juntos esta canción. Luego subraye las palabras que contienen esas sílabas.

(doblar aquí)

Nombre: _____

Usted es el mejor maestro de su hijo o hija, ¡y el más importante!

Aquí tiene una serie de actividades para ayudar a su hijo o hija con las distintas destrezas de una manera divertida.

Día 1 Ayude a su hijo o hija a pensar en palabras que contengan las sílabas *gra, gre, gri, gro, gru,* o *fra, fre, fri, fro* o *fru.* Luego pídale que las escriba todas en una lista.

Día 2 Su hijo o hija está aprendiendo a leer las siguientes palabras: *grande, fruta, dentro, hay* y *visto.* Pídale que recorte en alguna revista o periódico estas palabras.

Día 3 Ayúdele a dibujar dos dibujos de lo que está pasando (efecto) y por qué está pasando (causa). Por ejemplo, una rueda pinchada (efecto) y un clavo en la calle (causa).

Día 4 Haga una ayuda gráfica sencilla con su hijo o hija. Escriba un nombre como *perro,* dentro de un círculo. Luego pídale que alrededor del círculo escriba palabras que describan ese nombre.

Día 5 Diga un adjetivo que describa cómo está algo o alguien, como *dulce, mojado* o *triste.* Luego pídale que escriba un adjetivo contrario al que usted mencionó.

¡Lea con su hijo o hija TODOS LOS DÍAS!

Dominó de palabras

Materiales tarjetas, marcador, regla

Instrucciones del juego

1. Use las palabras que se encuentran al pie de la página para hacer tarjetas de dominó como las que se muestran en la página siguiente. Escriba pares de palabras en las tarjetas. Las palabras se pueden usar más de una vez, pero no en la misma tarjeta.

2. Baraje los dominós, póngalos boca abajo y pida a cada jugador que tome seis.

3. Los jugadores toman turnos para acomodar los dominós. Las tarjetas se acomodarán de manera que las palabras con *gr* estén juntas, y las palabras con *fr* también. Vea el ejemplo de la página 3. Si el jugador no tiene ningún dominó que pueda acomodar, tomará otro.

4. ¡El primer jugador que use todos sus dominós será el ganador!

Palabras

grillo	tigre	fresa	frase
grupo	logro	fruta	frito
alegre	negro	África	freno
gritar	grano	cofre	fruta

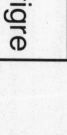

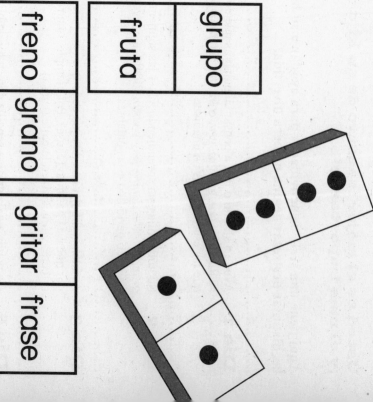

grillo	grupo
cofre	fruta

freno	grano
frito	tigre

gritar	frase

Nombre _____

Escoge la palabra de la casilla que corresponde a cada dibujo.
Escribe la palabra en la línea.

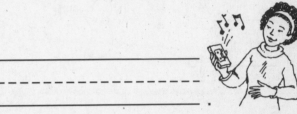

grabadora   alegre   cangrejo   granero   grillo

1. Tomás vio una gallina en el _____ .

2. María escucha música en su _____ .

3. El _____ camina por la arena.

4. Hay un _____ en el patio.

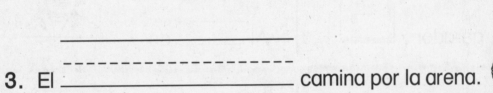

5. El payaso es muy _____ .

Notas para el hogar: Su hijo o hija ha estado practicando la lectura y escritura de palabras con *gra, gre, gri, gro* y *gru*. *Actividad para el hogar:* Ayude a su hijo o hija a buscar objetos en la casa que contengan alguna de estas palabras. Después, pídale que haga una lista de palabras de los objetos que encontró.

© Scott Foresman 1

Di la palabra de cada dibujo.
Escribe fra, fre, fri, fro o **fru** donde corresponde.

1.
_____
- - - - - -
_____ sa

2.
_____
- - - - -
co _____

3.
_____
- - - - -
_____ ta

4.
_____
- - - - -
_____ joles

5.
_____
- - - - -
re _____ gerador
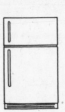

6.
_____
- - - - -
Al _____ do

7.
_____
- - - - -
_____ gadero

8.
_____
- - - - -
Á _____ ca

Busca la palabra que empiece con **fra, fre, fri, fro** o **fru**.
Rellena el ⬭ de tu respuesta.

9. ⬭ frito
   ⬭ ofrecer
   ⬭ enfrente

10. ⬭ afrontar
    ⬭ enfrenar
    ⬭ frase

Notas para el hogar: Su hijo o hija ha estado practicando la lectura y escritura de palabras con *fra, fre, fri, fro* y *fru*. **Actividad para el hogar:** Ayude a su hijo o hija a buscar objetos de casa que contengan alguna de estas sílabas.

Escoge una palabra de la casilla para completar cada oración.
Escribe la palabra en la línea.

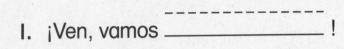

dentro · Hay visto fruta grande

1. ¡Ven, vamos _____ !

2. _____ una cocina en la casa.

3. ¿Te gusta comer _____ ?

4. ¿Has _____ a Roberto?

5. Roberto compró una pelota muy _____ .

Notas para el hogar: Esta semana su hijo o hija está aprendiendo a leer las palabras *grande, fruta, dentro, hay* y *visto*. **Actividad para el hogar:** Use cada una de las palabras en oraciones sencillas. Ayude a su hijo o hija a leer en voz alta cada oración.

Une con una línea el dibujo que muestra lo que ocurre y el dibujo que muestra por qué ocurre.

Lo que ocurre	Por qué ocurre

1.

2.

3.

4.

Notas para el hogar: Su hijo o hija emparejó dibujos mostrando lo que ocurre (*efecto*) y por qué ocurre (*causa*). ***Actividad para el hogar:*** Describa un suceso a su hijo o hija (por ejemplo, *Un gato salta a un estante lleno de vasos.*) Pregúntele qué podría ocurrir luego.

Nombre _____

Algunos **adjetivos** indican de qué tipo
es algo.
Divertido dice de qué tipo es el juego.

El juego es **divertido**.

Encierra en un círculo uno de los adjetivos entre ( ) para
completar cada oración.

1. Este pastel es (cómico / delicioso) .

---

2. ¡Qué cama más (dura / blanda) !

---

3. El perro está (mojado / feo) .

---

4. Tiene un cuarto (ordenado / desordenado) .

---

5. Leí un libro (triste / cómico) .

Notas para el hogar: Su hijo o hija identificó adjetivos que indican tipo, como *cómico* y *duro*. **Actividad**
para el hogar: Indique varios objetos a su hijo o hija y pídale que use adjetivos para decir de qué tipo es cada
objeto.

© Scott Foresman 1

Escoge una palabra de la casilla para completar cada oración.
Escribe la palabra en la línea.

| dentro | hay | visto | fruta | grande |

1. ¡Aquí _____ demasiados niños!

2. ¿Has _____ alguna vez un partido de fútbol?

3. Para jugar bien al fútbol no hace falta ser _____ .

4. Hay que meter la pelota _____ del arco.

5. Comeremos _____ después de jugar.

Notas para el hogar: Esta semana su hijo o hija está aprendiendo a leer las palabras *grande, fruta, dentro, hay* y *visto.* **Actividad para el hogar:** Anime a su hijo o hija a inventar un cuento sobre algún juego usando las palabras de vocabulario.

Nombre _____

Mira el mapa.
Escribe la respuesta para cada pregunta.

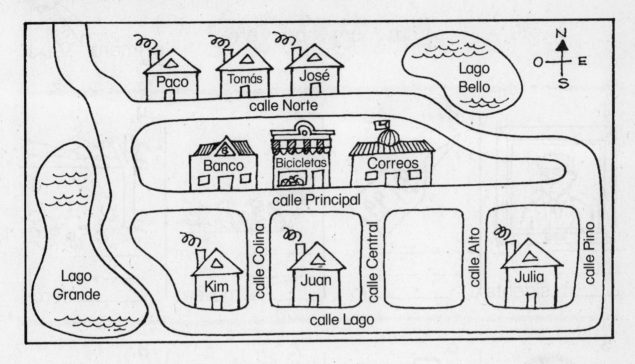

1. ¿En qué calle vive Tomás? _____

2. ¿En qué calle está la tienda de bicicletas? _____

3. ¿Quién vive más cerca de Lago Grande, Kim o Julia? _____

4. ¿Qué calle podría tomar Julia para llegar con prisa a la casa
   de Kim?

_____

Notas para el hogar: Su hijo o hija examinó un mapa y contestó preguntas al respecto. *Actividad para el hogar:* Mire un mapa de su ciudad con su hijo o hija. Explíquele lo que quieren decir los diferentes símbolos. Luego indique dos lugares en el mapa y pregúntele cómo se podría llegar del uno al otro.

© Scott Foresman 1

Escoge una palabra de la casilla que corresponde a cada dibujo.
Escribe en la línea la primera sílaba de la palabra.

pra   pre   pri   pro

primero

1.

_____ sidente

2.

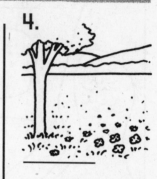

_____ cio

3.

_____ mavera

4.

_____ dera

5.

_____ ma

6.

_____ fesor

7.

com _____

8.

_____ mio

Busca la palabra que empiece con **pra, pre, pri, pro** o **pru**.
Rellena el ⬭ de tu respuesta.

9. ⬭ temprano
   ⬭ compra
   ⬭ pregunta

10. ⬭ promesa
    ⬭ aprender
    ⬭ comprender

Notas para el hogar: Su hijo o hija ha estado repasando palabras con *pra, pre, pri, pro* y *pru*. *Actividad para el hogar:* Ayude a su hijo o hija a buscar objetos por la casa que tengan alguna de estas sílabas.

Nombre _____

Escoge de la casilla la palabra que corresponde al dibujo.
Escribe la palabra en la línea.

| fruta | grupo | cofre | frito | fresa | tigre |

I. _____

2. _____

3. _____

4. _____

5. _____

6. _____

Escoge de la casilla la palabra que completa la oración.
Escribe la palabra en la línea.

| grupo | grado |

7. Yo estoy en tercer _____ .

8. El _____ de estudiantes es entretenido.

Notas para el hogar: Su hijo o hija está aprendiendo a escribir palabras con *gr* y *fr*. *Actividad para el hogar:* Diga las palabras de ortografía. Pida a su hijo o hija que use las palabras en oraciones y que después escriba las oraciones.

© Scott Foresman 1

Escoge el mejor adjetivo de la casilla para completar cada oración.
Escríbelo en la línea.

| suave | limpio | mojado | vieja | llena |

1. Esta caja está _____ .

2. Esta casa es _____ .

3. Este gatito es muy _____ .

4. El perro _____ se sacude.

5. Necesito un plato _____ .

Notas para el hogar: Su hijo o hija usó adjetivos que indican de qué tipo o cómo es una cosa. *Actividad para el hogar:* Su hijo o hija escoge un objeto que se puede ver sin decir cuál es, lo describe con adjetivos y usted intenta adivinar qué objeto es.

Nombre _____

Parte 1: Vocabulario

Lee cada oración.

Rellena el ⬭ de tu respuesta.

1. _____ que aprender a pegarle a la pelota.
   ⬭ Fruta   ⬭ Hay   ⬭ Grande

2. ¿Has _____ al entrenador?
   ⬭ fruta   ⬭ grande   ⬭ visto

3. La pelota está _____ del arco.
   ⬭ dentro   ⬭ fruta   ⬭ hay

4. Hay una jugadora muy _____ .
   ⬭ fruta   ⬭ grande   ⬭ hay

5. Vamos a comer _____ .
   ⬭ grande   ⬭ visto   ⬭ fruta

Sigue ➡

Parte 2: Comprensión

Lee cada oración.
Rellena el ⬭ de tu respuesta.

6. Al principio del cuento Fred vive en _____
   - ⬭ el mar.
   - ⬭ un estanque.
   - ⬭ una pecera.

7. A Fred le gusta _____
   - ⬭ el fútbol.
   - ⬭ cantar.
   - ⬭ leer.

8. ¿Por dónde salió Fred de la casa?
   - ⬭ por las tuberías
   - ⬭ por la ventana
   - ⬭ por la puerta

9. ¿Por qué Fred no puede contestarle al ternero?
   - ⬭ se desinfla si abre la boca
   - ⬭ no hablan el mismo idioma
   - ⬭ la mamá vaca no se lo permite

10. El cuento tiene un final _____
    - ⬭ confuso.
    - ⬭ triste.
    - ⬭ feliz.

ALTO

Nombre _____

Escoge una palabra de la casilla para completar cada oración.
Escribe la palabra en la línea.

crema	cromo	micrófono
escribir	cruzar	crecer	recreo

1. Tengo el último _____ de la colección.

2. El niño me ayudó a _____ la calle.

3. Voy a _____ un cuento.

4. Me gustan las peras con _____ .

5. Sonia canta con un _____ .

6. Voy a comer fruta durante el _____ de la escuela.

7. Las plantas van a _____ mucho.

Notas para el hogar: Su hijo o hija ha repasado la lectura y escritura de palabras con *cra, cre, cri, cro* y *cru.*
Actividad para el hogar: Ayude a su hijo o hija a buscar objetos por casa que contengan alguna de estas palabras. Después, pídale que haga una lista de palabras de los objetos que encontró.

| frijoles | tigre | grado | gruta | alegre |

Escoge de la casilla la palabra que completa la oración.
Escribe la palabra en la línea.

_____

1. La clase de primer _____ es entretenida.

_____

2. Mi maestro es _____ .

Escoge de la casilla la palabra que corresponde al dibujo.
Escribe la palabra en la línea.

 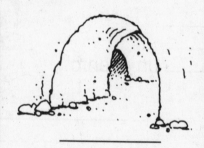 

3. _____

4. _____

5. _____

Lee las palabras de la casilla.
Escribe fre o **fri** para completar la palabra.

| frito | cofre |

_____

6. co _____

_____

7. _____ to

Notas para el hogar: Su hijo o hija está aprendiendo a escribir palabras con *gr* y *fr*. *Actividad para el hogar:* Ayude a su hijo o hija a usar las palabras de ortografía para escribir un cuento acerca de un día divertido en la escuela.

Usted es el mejor maestro de su hijo o hija, ¡y el más importante!

Aquí tiene una serie de actividades para ayudar a su hijo o hija con las distintas destrezas de una manera divertida.

Día 1 Ayude a su hijo o hija a escribir oraciones sencillas con palabras que contengan las sílabas *güe, güi, dra, dre, dri, dro y dru*.

Día 2 Haga un crucigrama sencillo usando las siguientes palabras: *pingüino, piedra, frío, huevo y tenían*.

Día 3 Léale un párrafo de un cuento o de un artículo de revista. Escriba las oraciones en hojas de papel distintas y barájelas. Luego pídale que las ordene correctamente y en secuencia.

Día 4 Pídale que escoja un tema que le interese, como su animal favorito o una estrella del deporte. Ayúdele a hablar sobre el tema con claridad.

Día 5 Cuéntele un cuento a su hijo o hija. Después pídale que escriba oraciones sobre los detalles principales del cuento.

¡Lea con su hijo o hija TODOS LOS DÍAS!

4

En familia

Güirito y su madre

Crías de dinosaurio

El baño del dinosaurio

El dinosaurio güerito y gordito
se baña en un balde con agüita.

Como es muy grande para el balde,
el agüita se va por el desagüe.

"¡Ay, qué vergüenza!", piensa y piensa.
Y va donde su amigo, el dromedario.

—Señor dromedario, ¿cómo me baño?
—Yo no sé, pregúntale al dragón.

Llega su madre con su madrina.
Y le dan muy buena solución:

—Usa el agüita en esa tina.
Usa la esponja y el jabón.

(doblar aquí)

Esta rima incluye palabras que su hijo o hija ha practicado en la escuela: palabras con *güe, güi, dra, dre, dri, dro o dru*. Canten juntos esta canción y pídale que escriba en una lista las palabras que contienen estas sílabas.

Nombre: _____

1

Palabras al girar

Materiales círculo de papel, sujetapapeles, lápices, 1 ficha por cada jugador

Instrucciones del juego

1. Haga una ruleta sencilla como se muestra.

2. Los jugadores giran por turnos la ruleta y mencionan una palabra que empiece con la sílaba que se muestra en la ruleta.

3. Si el jugador en turno responde correctamente, avanzará el número de casillas que muestra la ruleta. Si el jugador no responde correctamente, no avanzará.

4. ¡El primer jugador que llegue al final es el ganador!

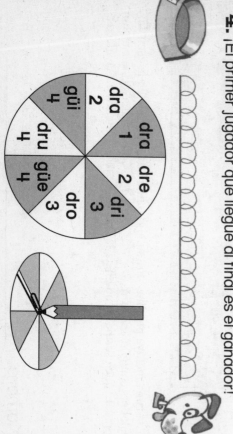

dra	dre
2	1
güi	dri
4	2
dru	dro
4	3
güe	
4	

Salida

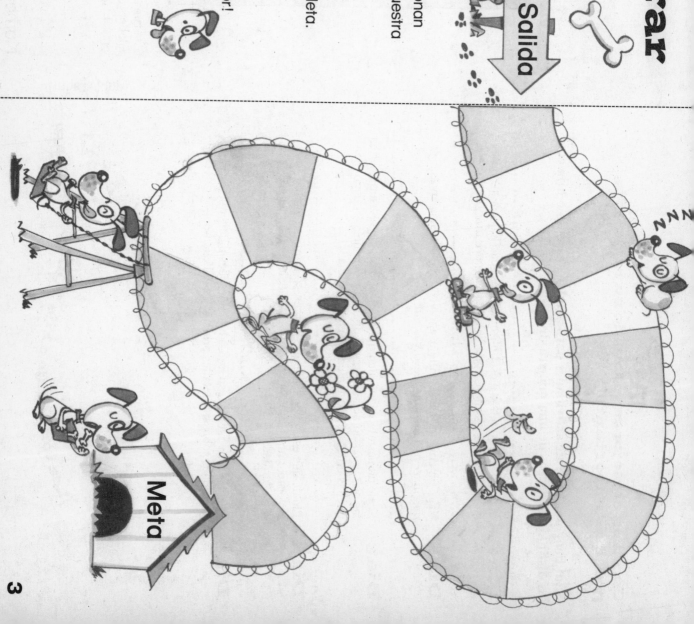

Meta

Nombre _____

Encierra en un círculo la palabra para completar cada oración.
Escribe la palabra en la línea.

cigüeña   perro
_____
- - - - - - - - - - - -

1. La _____ tiene un pico muy largo.

agüita   llave
_____
- - - - - - - - - - - -

2. Voy a poner _____ en el vaso.

pingüino   caballo
_____
- - - - - - - - - - - -

3. Hoy vi un _____ en el zoológico.

saber   averigüé
_____
- - - - - - - - - - - -

4. Hoy _____ dónde está el tesoro.

bilingüe   polvo
_____
- - - - - - - - - - - -

5. Mis papás quieren que yo sea _____.

Notas para el hogar: Su hijo o hija ha estado practicando la lectura y escritura de palabras con *güe* y *güi*.
Actividad para el hogar: Mire con su hijo o hija un libro con ilustraciones. Ayúdele a hacer una lista de palabras de objetos que vio en el libro que contienen estas sílabas.

Escoge la palabra de la casilla que corresponde
a cada dibujo.
Escribe la palabra en la línea.

salaman**dra**

| dragón | padre | ladrillo | cocodrilo | madre |

1. Lupita fue al cine con su _____ .
   _____
   - - - - - - - - - - - - - - - - -
   _____

2. Hoy vi un _____ en un libro.
   _____
   - - - - - - - - - - - - - - - - -
   _____

3. En el cuento había un _____ muy grande.
   _____
   - - - - - - - - - - - - - - - - -
   _____

4. La _____ de Paco hizo un rico pastel.
   _____
   - - - - - - - - - - - - - - - - -
   _____

5. Mi casa está hecha de _____ .
   _____
   - - - - - - - - - - - - - - - - -
   _____

Notas para el hogar: Su hijo o hija ha estado practicando la lectura y escritura de palabras con *dra, dre, dri, dro* y *dru*. ***Actividad para el hogar:*** Pida a su hijo o hija que escriba un pequeño cuento con palabras que contengan estas letras. Ayude a su hijo o hija a ilustrar el libro con dibujos.

68 **Fonética: Sílabas con *dr***

Nivel 1.5

© Scott Foresman 1

Nombre _____

Escoge una palabra de la casilla para completar cada oración.
Escribe la palabra en la línea.

| tenían | pingüino | frío | piedra | huevo |

1. El _____ vive en el polo.

2. Allí hace mucho _____ .

3. La mamá pingüino puso un _____ .

4. El pingüino está sentado sobre una _____ .

5. Los pingüinos _____ muchos peces.

Notas para el hogar: Esta semana su hijo o hija está aprendiendo a leer las palabras *tenían, frío, pingüino, piedra* y *huevo.* **Actividad para el hogar:** Trabaje con su hijo o hija para escribir un cuento usando las palabras nuevas. Ayúdelo a leer el cuento cuando lo haya terminado.

Nombre _____

Güirito y su madre
―――――――
Crías de dinosaurio

Ordena lo que sucede primero, después y al final.
Escribe el orden de las oraciones del 1 al 4.

I. _____ Güirito empacó toda la comida.

_____ Güirito y su madre quieren comer en el campo.

_____ Ellos encontraron un lugar para comer en la loma.

_____ Tenían mucha hambre y se comieron todo.

2. _____ Güirito mordió accidentalmente el rabo de un animal grande.

_____ Güirito todavía tenía más hambre.

_____ Güirito se fue corriendo en busca de su mamá.

_____ El gran animal se puso furioso.

3. **Escribe** tres oraciones sobre lo que hiciste en tu casa primero, después y al final, antes de venir a clases hoy.

_____

- -

_____

_____

- -

_____

_____

- -

_____

Notas para el hogar: Su hijo o hija identificó la secuencia de un cuento. *Actividad para el hogar:* Escriba cinco oraciones extraídas de un cuento en tarjetas. Luego pídale que las ordene correctamente en secuencia cronológica.

Nombre _____

Mira el dibujo. Algunos **adjetivos** indican cuántos hay de algo.
Escoge una palabra de la casilla para completar cada oración.
Escríbela en la línea.

Una   dos   tres   cuatro   cinco

I. Hay _____ pelotas en la canasta.

2. Veo _____ gatos de juguete.

3. _____ niña juega en el piso.

4. Hay _____ cajas de juegos.

5. El hombre está al lado de _____ muñecas.

Notas para el hogar: Su hijo o hija usó adjetivos para indicar el número de objetos. *Actividad para el hogar:* Dé un paseo con su hijo o hija. Cuenten los objetos que ven y pídale que escriba los números (por ejemplo, *t-r-e-s*).

Nivel 1.5

Gramática: Adjetivos de cantidad **71**

Escoge una palabra de la casilla para completar cada oración.
Escribe la palabra en la línea.

| tenían | pingüino | frío | piedra | huevo |

_____

- - - - - - - - - - - - - - - -

1. El _____ nada muy rápido.

_____

- - - - - - - - - - - - - - - -

2. Vamos a ver un _____ de pingüino.

_____

- - - - - - - - - - - - - - - -

3. Los pingüinos _____ muchas plumas.

_____

- - - - - - - - - - - - - - - -

4. Hace mucho _____ en el acuario.

_____

- - - - - - - - - - - - - - - -

5. El pingüino descansa sobre la _____ .

Notas para el hogar: Esta semana su hijo o hija está aprendiendo a leer las palabras *tenían, frío, pingüino, piedra* y *huevo*. **Actividad para el hogar:** Anime a su hijo o hija a escribir un poema o una canción sobre su animal favorito.

Nombre _____

Encierra en un círculo la palabra que corresponde a cada dibujo.

1.	2.	3.	4.

grillo gato	lograr grabadora	tigre lobo	grande programa

5.	6.	7.	8.

grito grupo	gris vinagre	cangrejo pescado	granero negro

Busca la palabra que empiece con **gra, gre, gri, gro** o **gru**.
Rellena el ⬭ de tu respuesta.

9. ⬭ lograr
⬭ emigrar
⬭ gratis

10. ⬭ grave
⬭ alegre
⬭ peligro

Notas para el hogar : Su hijo o hija ha estado repasando palabras con *gra, gre, gri, gro* y *gru*. **Actividad para el hogar:** Ayude a su hijo o hija a buscar objetos en el hogar que tengan alguna de estas sílabas.

© Scott Foresman 1

Escoge de la casilla la palabra que corresponde al dibujo.
Escribe la palabra en la línea.

| desagüe | ladrillo | cigüeña | ladra | pingüino | güero |

I. _____

2. _____

3. _____

4. _____

5. _____

6. _____

Escoge de la casilla la palabra que completa la oración.
Escribe la palabra en la línea.

| piedra | padre |

7. José es el _____ de Carmen.

8. Él empuja una _____.

Notas para el hogar: Su hijo o hija está aprendiendo a escribir palabras con *dr, güe* o *güi*. *Actividad para el hogar:* Anime a su hijo o hija a dibujar algunas de las palabras de ortografía. Ayúdele a rotular los dibujos.

74 Ortografía: Palabras con *güe, güi, dr*

Nivel 1.5

© Scott Foresman 1

Escoge de la casilla el adjetivo que dice la cantidad correcta.
Escríbelo en la línea.
Une con una línea cada grupo de
palabras y el dibujo que corresponde.

un dos tres cuatro

1. _____ muñecas

2. _____ perro

3. _____ cajas

4. _____ platos

5.

6.

7.

8.

Haz un dibujo de seis ratones.
Escribe una oración sobre tu dibujo.

9.

_____

_____

Notas para el hogar: Su hijo o hija usó adjetivos que indican cantidad. *Actividad para el hogar:* Escriba en una hoja los números 1–10. Pida a su hijo o hija que escriba la palabra para cada número (por ejemplo, *cuatro*) y que haga un dibujo con ese número de objetos.

Consejos para tomar el examen

1. Escribe tu nombre en el examen.

2. Lee cada pregunta dos veces.

3. Lee todas las respuestas posibles para cada pregunta.

4. Marca tu respuesta cuidadosamente.

5. Verifica tu respuesta.

Nombre _____

Parte 1: Vocabulario

Lee cada oración.
Rellena el ⬭ de tu respuesta.

1. Ellos _____ un libro sobre pájaros.
  ⬭ huevo   ⬭ tenían   ⬭ piedra

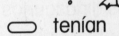

2. El _____ camina en dos patas.
  ⬭ pingüino   ⬭ frío   ⬭ tenían

3. La mamá pingüino cuida su _____ .
  ⬭ frío   ⬭ tenían   ⬭ huevo

4. En el ártico hace mucho _____ .
  ⬭ frío   ⬭ huevo   ⬭ tenían

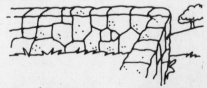

5. ¿Viste ese muro de _____ ?
  ⬭ tenían   ⬭ piedra   ⬭ huevo

Sigue

Parte 2: Comprensión

Lee cada pregunta.

Rellena el ⬭ de tu respuesta.

6. Los investigadores pueden
   - ⬭ oír crías de dinosaurio.
   - ⬭ ver dinosaurios madres.
   - ⬭ encontrar huevos de dinosaurios.

7. ¿Qué comían algunas crías de dinosaurio?
   - ⬭ insectos
   - ⬭ leche
   - ⬭ perritos calientes

8. Algunos dinosaurios grandes rodeaban las crías para
   - ⬭ protegerlas.
   - ⬭ contar cuentos.
   - ⬭ hacerlas dormir.

9. ¿En qué te parecías tú a las crías de dinosaurio cuando eras un bebé?
   - ⬭ Nacían con dientes.
   - ⬭ Salían de huevos.
   - ⬭ Empezaban a crecer.

10. ¿De qué se trata **Crías de dinosaurio**?
    - ⬭ animales de hace mucho tiempo
    - ⬭ comer huevos
    - ⬭ colas extrañas

ALTO

Encierra en un círculo la palabra que corresponde al dibujo.

fresa

I.

bosque
cofre

2.

casas
frijoles

3.

frutas
colores

4.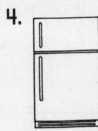

refrigerador
estufa

5.

retrato
fregadero

6.

carros
fresa

7.

Alfredo
caballos

8.

África
lápices

Busca las palabras que contengan **fra, fre, fri, fro** o **fru.**
Rellena el ⬭ de tu respuesta.

9. ⬭ niño
⬭ ofrecer
⬭ blanco

10. ⬭ frenar
⬭ horno
⬭ durazno

Notas para el hogar: Su hijo o hija ha practicado palabras con *fra, fre, fri, fro* y *fru*. **Actividad para el hogar:** Pida a su hijo o hija que escriba un pequeño cuento con palabras que contengan estas sílabas.

Nombre _____

| padre | madrugada | ladrillo | desagüe | bilingüe | cigüeña |

Escoge de la casilla la palabra que corresponde al dibujo.
Escribe la palabra en la línea.

1.

_____

_ _ _ _ _ _ _ _ _ _ _ _ _

2.

_____

_ _ _ _ _ _ _ _ _ _ _ _ _

3.

_____

_ _ _ _ _ _ _ _ _ _ _ _ _

Escribe las palabras de la casilla con la sílaba **güe**.

4. _____

5. _____

6. _____

Escoge de la casilla la palabra que completa la oración.
Escribe la palabra en la línea.

| ladra | güero |

7. El perro _____ fuerte.

8. El pelaje es _____.

Notas para el hogar: Su hijo o hija está aprendiendo a escribir palabras con *dr, güe* o *güi*. *Actividad para el hogar:* Trabaje con su hijo o hija a escribir las palabras de ortografía en orden alfabético.

En familia

Walter y Wili

La gata más valiente

Wifredo el Tremendo

Estaba el gatito Watuso
trepadito en un palo, ¡no, no!,
cuando vino Wifredo el Tremendo
y al gatito prontito salvó.

Estaba el perrito Wufito
enredado en su cuerda, ¡no, no!,
cuando vino Wifredo el Tremendo,
y al perrito bien lo desató.

Estaba la pececita Welinda
metidita en el agua, ¡sí, sí!,
cuando vino Wifredo el Tremendo
y a Welinda la dejó allí.

Esta rima incluye palabras que su hijo o hija ha practicado en la escuela: palabras con *wa, we, wi, wo* o *wu*, y palabras con los sufijos *-ito, -ita*. Canten juntos esta rima. Ayúdele a representar lo que está leyendo.

(doblar aquí)

Nombre: _____

Usted es el mejor maestro de su hijo o hija, ¡y el más importante!

Aquí tiene una serie de actividades para ayudar a su hijo o hija con las distintas destrezas de una manera divertida.

Día 1 Ayude a su hijo o hija a escribir una lista con palabras que contengan las sílabas *wa, we, wi, wo* y *wu,* y palabras que terminen con los diminutivos *-ito* e *-ita.* Luego pídale que escriba oraciones sencillas utilizando las palabras de la lista.

Día 2 Ayúdele a escribir oraciones con las siguientes palabras: *patito, tuyo, lo, nadar* y *bien.*

Día 3 Léale uno de sus cuentos favoritos o miren juntos una película. Anímele a decir qué pasó en el cuento o en la película (efecto) y por qué pasó (causa).

Día 4 Su hijo o hija está aprendiendo a trabajar en grupos pequeños. Invite a algunos amigos de su hijo o hija o algunos miembros de la familia a su casa. Realicen juntos alguna actividad, como hacer un pastel.

Día 5 Ayúdele a buscar información sobre algún animal de interés. Después, pídale que escriba un pequeño párrafo explicando qué aprendió sobre ese tema.

¡Lea con su hijo o hija TODOS LOS DÍAS!

Mezclar y emparejar sufijos

Instrucciones del juego

Materiales   tarjetas

1. Escriba en tarjetas separadas los pares de palabras que se muestran en la siguiente página.

2. Baraje las tarjetas y repártalas entre 2 ó 4 jugadores.

3. Los jugadores observan las tarjetas y, por turnos, las colocan una por una sobre la mesa de manera que los demás jugadores puedan ver las palabras.

4. Cuando un jugador observe una palabra que haga pareja con una de las suyas, gritará "Pareja" y tomará esa tarjeta.

5. El juego termina cuando todas las tarjetas tengan su pareja. ¡El jugador con más parejas es el ganador!

casa	casita
carro	carrito
gato	gatito
perro	perrito
gota	gotita
silla	sillita
plato	platito
cuadro	cuadrito
libro	librito
zorro	zorrito

Nombre _____

Encierra en un círculo la palabra para completar cada oración.
Escribe la palabra en la línea.

waterpolo   bicicleta
_____
- - - - - - - - - - - - - - -

1. Pedro practica _____ .

ciudad   Washington
_____
- - - - - - - - - - - - - - -

2. La capital de Estados Unidos es _____ .

Walter   temprano
_____
- - - - - - - - - - - - - - -

3. Mi mejor amigo es _____ .

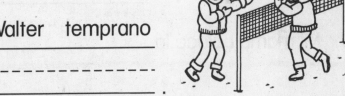

Wyoming   vela
_____
- - - - - - - - - - - - - - -

4. Mi papá es de _____ .

Notas para el hogar: Su hijo o hija ha estado practicando la lectura y escritura de palabras con *wa, we, wi, wo* y *wu*. **Actividad para el hogar:** Mire la televisión con su hijo o hija. Pida a su hijo o hija que escriba una lista de palabras que escuchó que contengan estas sílabas.

© Scott Foresman 1

Nombre _____

Añade -ito o **-ita** a la palabra para completar cada oración.
Escribe la palabra en la línea.

gat**ito**

estrella
_____
- - - - - - - - - - - - - - - -
1. Mira una _____ en el cielo.

perro
_____
- - - - - - - - - - - - - - - -
2. Sandra tiene un _____ .

mesa
_____
- - - - - - - - - - - -
3. Mi mamá colocó la _____ .

hermana
_____
- - - - - - - - - - - - - - - -
4. Thelma es mi _____ .

cuadro
_____
- - - - - - - - - - - - - - - -
5. Yo pinté un _____ .

Notas para el hogar: Su hijo o hija ha estado practicando la lectura y escritura de palabras que terminan con *-ita* e *-ito*. ***Actividad para el hogar:*** Ayude a su hijo o hija a hacer una lista de palabras de objetos que hay en el hogar a las que pueda añadirles *-ita* o *-ito*.

Escoge una palabra de la casilla para completar cada oración.
Escribe la palabra en la línea.

patito	tuyo	lo	nadar	bien

_____

1. El _____ está en el agua.

_____

2. El patito quiere aprender a _____ .

_____

3. ¿Es _____ este patito?

_____

4. Mamá pata _____ quiere mucho.

_____

5. El patito se siente muy _____ .

 Notas para el hogar: Esta semana su hijo o hija está aprendiendo a leer las palabras *patito*, *tuyo*, *lo*, *nadar* y *bien*. **Actividad para el hogar:** Túrnese con su hijo o hija para leer en voz alta cada palabra que aparece en la casilla. Pídale luego que invente oraciones con estas palabras.

Une con una línea el dibujo que muestra lo que ocurre y el dibujo que muestra por qué ocurre.

Lo que ocurre	Por qué ocurre

I.

2.

3.

4.

5.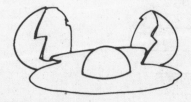

Notas para el hogar: Su hijo o hija emparejó dibujos mostrando lo que ocurre (*efecto*) y por qué ocurre (*causa*). ***Actividad para el hogar:*** Mientras ven un programa de televisión, anime a su hijo o hija a identificar lo que ocurre y por qué ocurre.

© Scott Foresman 1

Nombre _____

Un **adjetivo** nos dice más sobre una persona, lugar o cosa.
Hermosa nos dice algo sobre la gata.

María tiene una gata **hermosa**.

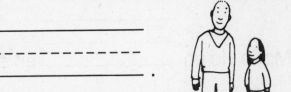

Escoge de la casilla una palabra que ayuda a la oración
a decirnos más.

negro   caliente   grande   tres   mojado

1. Papá toma una bebida _____ .

---

2. Enrique es un hombre _____ .

---

3. Tengo un gato _____ .

---

4. Tengo _____ hermanas.

---

5. Quítate tu abrigo _____ .

Notas para el hogar: Su hijo o hija usó adjetivos para mejorar oraciones. *Actividad para el hogar:* Invente
oraciones simples para su hijo o hija y pídale que añada adjetivos para hacer cada oración más interesante.

© Scott Foresman 1

Escoge una palabra de la casilla para completar cada oración.
Escribe la palabra en la línea.

patito	tuyo	Lo	nadar	bien

1. Nosotros fuimos a _____ al lago.

2. Mario vio un _____ en el agua.

3. Este vaso es _____ .

4. _____ puedes llenar de agua.

5. Tú nadas muy _____ .

© Scott Foresman 1

Nombre _____

Encierra en un círculo la palabra que corresponde a cada dibujo.
Escribe la palabra en la línea.

león   agüita

_____
- - - - - - - - - - - - - -

1. Hay un poco de _____ en el vaso.

espejo   cigüeña

_____
- - - - - - - - - - - - - -

2. La _____ vive en el campo.

averigüé   estudiar

_____
- - - - - - - - - - - - - -

3. Hoy _____ cómo se llama.

bilingüe   abrigo

_____
- - - - - - - - - - - - - -

4. Mi hermanito es _____ .

zapato   pingüino

_____
- - - - - - - - - - - - - -

5. Hoy vimos un _____ en la televisión.

Notas para el hogar: Su hijo o hija ha practicado palabras con *güe* y *güi*. **Actividad para el hogar:** Pida a su hijo o hija que escriba una lista con palabras que contengan estas sílabas.

| ramita | patito | wagón | sillita | wapití | cunita |

Escoge de la casilla la palabra que corresponde al dibujo.
Escribe la palabra en la línea.

I.

2.

3.

_____

Escribe tres palabras de la casilla que terminan con **-ita**.

4. _____

5. _____

6. _____

Escoge de la casilla la palabra que completa la oración.
Escribe la palabra en la línea.

| patito | perrito |

7. El _____ corre.

8. El _____ nada.

Notas para el hogar: Su hijo o hija está aprendiendo a escribir palabras con *w* y los sufijos *-ito* o *-ita*.
Actividad para el hogar: Diga las palabras de ortografía. Pida a su hijo o hija que use las palabras de ortografía y que después escriba las oraciones.

© Scott Foresman 1

Encierra en un círculo las oraciones que contienen hechos acerca de animales.

Pista: Un hecho es algo que se puede comprobar. Una opinión es lo que una persona cree o piensa acerca de algo.

I. La cabra es bonita.   La cabra tiene dos orejas.

2. El perro ladra.   El perro tiene miedo.

3. Mi gato caza ratones.   Mi gato me quiere.

4. El tigre tiene rayas negras.   El tigre no es malo.

5. Los burros son buenos.   Los burros son parientes de los caballos.

Notas para el hogar: Su hijo o hija ha aprendido la diferencia entre un hecho y una opinión. *Actividad para el hogar:* Pida a su hijo o hija que escriba un breve informe acerca de un animal. Asegúrese de que las oraciones contengan hechos que se puedan comprobar.

Nombre _____

Mira el dibujo.
Encierra en un círculo el adjetivo que corresponde al dibujo.

nueva   vieja

1. La casa _____ se quemaba.

fuerte   débil

2. Un gato _____ salió.

rayado   manchado

3. Llevaba un gatito _____ .

pequeño   enorme

4. El gatito _____ ya estaba a salvo.

Escribe una oración sobre el gato del dibujo.
Usa un adjetivo de la caja.

grande   valiente   viejo   feliz

5. _____
_____
_____
_____

Notas para el hogar: Su hijo o hija usó adjetivos para hacer las oraciones más descriptivas. *Actividad para el hogar:* Diga una oración simple sobre un objeto a su alrededor (*Veo un árbol.*) y anime a su hijo o hija a mejorar la oración añadiendo adjetivos (*Veo un árbol grande y verde.*)

Parte 1: Vocabulario

Lee cada oración.
Rellena el ⬭ de tu respuesta.

1. El _____ sale del agua.
   ⬭ patito   ⬭ bien   ⬭ nadar

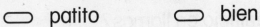

2. El patito _____ hace muy bien.
   ⬭ bien   ⬭ lo   ⬭ tuyo

3. Al patito le gusta _____ .
   ⬭ nadar   ⬭ tuyo   ⬭ lo

4. Estos patitos nadan muy _____ .
   ⬭ lo   ⬭ bien   ⬭ tuyo

5. Este libro es _____ .
   ⬭ tuyo   ⬭ nadar   ⬭ patito

Parte 2: Comprensión

Lee cada pregunta.
Rellena el ⬭ de tu respuesta.

6. ¿Qué edificio se quemaba?
   - ⬭ una tienda
   - ⬭ un garaje
   - ⬭ un hospital

7. ¿Por qué entró la gata en el edificio en llamas?
   - ⬭ para apagar el incendio
   - ⬭ para sacar a sus gatitos
   - ⬭ para ayudar a las personas

8. La gata no podía ver a sus gatitos porque
   - ⬭ el fuego le lastimó los ojos.
   - ⬭ un hombre se los llevó.
   - ⬭ estaban en una caja.

9. ¿Qué tenían en común Karen Weller y Scarlett?
   - ⬭ Entraron y salieron para sacar a los gatitos.
   - ⬭ Fueron a dormir en un garaje.
   - ⬭ Tardaron mucho tiempo en mejorarse.

10. **La gata más valiente** se trata de
    - ⬭ una gata verdadera.
    - ⬭ una gata que canta.
    - ⬭ una gata cómica.

ALTO

Encierra en un círculo la palabra que corresponde a cada dibujo.

I. 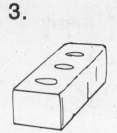	**2.** 	**3.**	**4.** 
dragón muñeca	padre niña	fregador ladrillo	cocodrilo araña

5. 	**6.** 	**7.** 	**8.** 
delfín salamandra	piedra reír	madre tío	envase cuadro

Busca las palabras con **dra, dre, dri, dro** o **dru**.
Rellena el ⬭ de tu respuesta.

9. ⬭ hermano
⬭ amarillo
⬭ Pedro

10. ⬭ solecito
⬭ podrá
⬭ manzana

Notas para el hogar: Su hijo o hija ha estado practicando palabras con *dra, dre, dri, dro* y *dru*. *Actividad para el hogar:* Diga a su hijo o hija una adivinanza para que diga una palabra que contenga una de estas sílabas. Pida a su hijo o hija que escriba una lista con las palabras que adivinó.

Escoge de la casilla la palabra que corresponde al dibujo.
Escribe la palabra en la línea.

| sillita | cunita | mesita | perrito | wagón | muchachita |

1.

_____

- - - - - - - - - -

2.

_____

- - - - - - - - - -

3.

_____

- - - - - - - - - -

4.

_____

- - - - - - - - - -

5.

_____

- - - - - - - - - -

6.

_____

- - - - - - - - - -

Escoge de la casilla la palabra que completa la oración.
Escribe la palabra en la línea.

| wapití | kiwi |

_____

- - - - - - - - - -

7. El _____ es dulce.

_____

- - - - - - - - - -

8. El _____ corre rápido.

Notas para el hogar: Su hijo o hija está aprendiendo a escribir palabras con *w* y los sufijos *-ito* o *-ita*.
Actividad para el hogar: Ayude a su hijo o hija a usar las palabras de ortografía para escribir un cuento acerca de una pequeña niña y su perrito.

© Scott Foresman 1

Nombre _____

Añade adjetivos para describir mejor a una persona, un animal, un lugar o una cosa.

José tiene un perro.   José tiene un perro **pequeño**.

¿Qué palabra es la que mejor describe al animal?
Encierra en un círculo la palabra que completa cada oración.
Escribe la palabra en la línea.

vieja   corta   verde
_____
- - - - - - - - - - - -

1. El perrito tiene una cola _____.

largas   dulces   bonitas
_____
- - - - - - - - - - - -

2. La araña tiene piernas muy _____.

redondos   tímidos   mejores
_____
- - - - - - - - - - - -

3. Los ratones _____ se esconden.

rápido   alto   perezoso
_____
- - - - - - - - - - - -

4. El gato _____ duerme todo el día.

Escribe algo sobre una rana.
Usa un adjetivo para describirla.

_____
- -

5. _____

Notas para el hogar: Su hijo o hija ha usado adjetivos (palabras que describen una persona, lugar o cosa) para mejorar las oraciones. *Actividad para el hogar:* Escriba algunas oraciones sencillas para su hijo o hija. *(Vemos una vaca.)* Pídale que mejore la oración usando uno o más adjetivos. *(Vemos una vaca grande y gorda.)*

Nombre

Acabo de leer

Se trataba de

Palabras que ahora sé leer y escribir

Acabo de leer _____

_____

_____

Se trataba de

Palabras que ahora sé leer y escribir

_____   _____

_____   _____

_____   _____

Palabras que ahora sé leer y escribir

Acabo de leer _____

_____

_____

Se trataba de

Palabras que ahora sé leer y escribir

_____   _____

_____   _____

_____   _____

Palabras que ahora sé leer y escribir

Acabo de leer _____

_____

_____

_____

Se trataba de

Palabras que ahora sé leer y escribir

_____ _____

_____ _____

_____ _____

_____ _____

Palabras que ahora sé leer y escribir

Acabo de leer _____

_____

Se trataba de

Palabras que ahora sé leer y escribir

Palabras que ahora sé leer y escribir

_____

- - - - - - - - - - - - - - - -

_____

_____

- - - - - - - - - - - - - - - -

_____

_____

- - - - - - - - - - - - - - - -

_____

_____

- - - - - - - - - - - - - - - -

_____

Acabo de leer _____

_____

_____

Se trataba de

Palabras que ahora sé leer y escribir

_____ _____

- - - - - - - - - - - - - - - - - - - - - - - - - -

_____ _____

_____ _____

- - - - - - - - - - - - - - - - - - - - - - - - - -

alabras que ahora sé leer y escribir